*Der Untergang des alten Dresden*
*in der Bombennacht vom 13./14. Februar 1945*

*The Destruction of Dresden*
*in the Night of 13–14 February 1945*

Michael Schmidt

Für Gudrun
in Liebe und Dankbarkeit

Wer das Weinen verlernt hat,
der lernt es wieder beim Untergang von Dresden

Anyone who has lost the ability to weep
learns it again at the destruction of Dresden.

(Gerhart Hauptmann)

Sonnenblumen-Verlag Dresden

Abbildungen Einband Vorderseite:
Obere Abbildung: Blick von der Kreuzkirche auf das alte Dresden mit der Frauenkirche um 1900
Untere Abbildung: Blick vom Rathausturm zum Neumarkt mit der zerstörten Frauenkirche. Zustand 1949

Front cover illustrations:
Top: View of old Dresden and the Frauenkirche from the Kreuzkirche, around 1900
Bottom: View of the Neumarkt and ruins of the Frauenkirche, seen from the tower of the Town Hall, 1949

Impressum

4. überarbeitete Auflage: 5.000 Exemplare.
Sonnenblumen-Verlag Dresden.
© Alle Rechte vorbehalten. Dresden 2010.

Text und Bildredaktion: Michael Schmidt, Dresden
Übersetzung ins Englische: Tradukas GbR, Amanda Crain und Greg Bond
Gestaltung, Satz und Bildbearbeitung: Ines Hofmann, Dresden
Druck: MAXROI Graphics GmbH, Görlitz

ISBN: 978-3-9804637-3-7

Inhalt/Contents	Seite

Vorwort/Foreword	4

Kapitel/Chapters

I. Städtisches Leben in Dresden am Vorabend des Zweiten Weltkrieges	5

II. Kriegsalltag in Dresden und die Entwicklung des Luftkrieges bis Anfang 1945	9

III. Der Untergang des alten Dresden durch die britischen Bombenangriffe
in der Nacht vom 13./14. Februar 1945	13

IV. Gegenüberstellung von Dresdner Stadtansichten und Gebäuden
vor und nach der Zerstörung	20

V. Die unmittelbaren Folgen der sinnlosen Zerstörung bis Kriegsende und
in den ersten Nachkriegsjahren	50

VI. Ausblick auf den Neu- und Wiederaufbau in der DDR-Zeit (1949–1990)
und in der Zeit nach der Wiedervereinigung Deutschlands bis 2005	55

The Destruction of Dresden (summary of chapters I–VI)	59

Anhang/Appendix

A. Chronologie des Bombenkrieges 1937–1945	61

B. Übersicht über die acht Luftangriffe auf Dresden 1944/45	62

C. Schadensplan der Stadt Dresden	63

Literaturverzeichnis/Abbildungsnachweis	64

## Vorwort

Liebe Dresden-Freunde!

Aus Anlass des 65. Jahrestages der Zerstörung von Dresden, insbesondere durch die britischen Bombenangriffe in der Nacht vom 13. zum 14. Februar 1945, möchte der Sonnenblumen-Verlag Dresden allen Lesern, die sich für den Untergang des alten Dresden, einstmals eine der schönsten Städte Europas, interessieren, diesen Bildband in der 4. Auflage präsentieren.

Dieses Jahr ist am 13. und 14. Februar und kurz davor und danach auf zahlreichen Veranstaltungen der letzte halbrunde, der 65. Jahrestag der Zerstörung von Dresden begangen worden, zu dem viele der alten Dresdnerinnen und Dresdner noch leben, die das grauenvolle Geschehen jener Schreckensnacht selbst miterlebt haben.

Der vorliegende Bildband soll sowohl die jüngeren, als auch die älteren Dresdnerinnen und Dresdner sowie Gäste der Elbestadt, die alljährlich zu Millionen in die sächsische Landeshauptstadt strömen, ansprechen. Deshalb sind das Vorwort und die Bildunterschriften auch in Englisch sowie eine Zusammenfassung der einzelnen Kapitel des Buches in Englisch abgefasst.

In den einzelnen Kapiteln des Bildbandes wird ein Bogen von den dreißiger Jahren bis zum heutigen Tage gespannt. Im Mittelpunkt des Buches steht die sinnlose Zerstörung der Elbestadt kurz vor Ende des Zweiten Weltkrieges. Es werden Ursachen dafür benannt, der Verlauf geschildert und auf Auswirkungen eingegangen. In einem Ausblick wird auch über den Neu- und Wiederaufbau bis zum heutigen Tage gesprochen.

Ich möchte mit diesem Buch nicht nur einen Beitrag zur weiteren Aufarbeitung der jüngeren Geschichte Dresdens leisten, sondern auch gegen das Vergessen mahnen sowie insbesondere einen Beitrag zum Frieden und zur Völkerverständigung leisten und zur Versöhnung der einstigen Kriegsgegner beitragen.

Dresden, im Juli 2010.

Michael Schmidt

## Foreword

Dear friends of Dresden!

On the occasion of the sixty-fifth anniversary of the destruction of Dresden in the British air bombardment on the night of the 13 February 1945, the publishers Sonnenblumen-Verlag Dresden would like to present this book in the fourth edition for all those interested in the downfall of old Dresden – once one of the most beautiful cities in Europe.

On and around 13 and 14 February this year, many ceremonies marked the sixty-fifth anniversary, the last semicircular anniversary of the destruction of Dresden, which was attended by a large number of the men and women who personally experienced the gruesome events of that night.

This book is for the people of Dresden, young and old, as well as for the millions of visitors who come to the capital of Saxony each year. Therefore this foreword, all the captions and a summary of the chapters have been included in English translation.

Each chapter draws a picture of a period of historical development from the 1930s to the present day. The focus is on the senseless destruction of the city on the Elbe shortly before the end of the Second World War. Reasons for the destruction are explored, the course of events during the firestorm is described, and we also examine the consequences of that night, including a look forward to the rebuilding of the city up to the present day.

With this book I would like not only to make a contribution to a deeper understanding of Dresden's twentieth-century history – I also wish to warn against forgetting, and especially to contribute to peace and to understanding between nations, as well as to the further reconciliation of former war enemies.

Dresden, July 2010.

Michael Schmidt

## I. Städtisches Leben in Dresden am Vorabend des Zweiten Weltkrieges

Nach der Machtergreifung der Nationalsozialisten in Deutschland 1933 kam es auch in Dresden sehr schnell zur Unterdrückung jeglicher politischer Opposition und nach und nach auch zur Ausgrenzung der Juden aus dem kulturellen und gesellschaftlichen Leben in der Elbestadt. Sämtliche Parteien außer der NSDAP wurden verboten und alle gesellschaftlichen Organisationen wurden ebenfalls verboten oder gleichgeschaltet.

Wie schnell sich das kulturpolitische Klima in Dresden wandelte, hat Victor Klemperer in seinem Buch LTI (Lingua Tertii Imperii – Die Sprache des Dritten Reiches) und vor allem in seinen Tagebüchern anschaulich geschildert.

Bereits am 7. März wurde der weltberühmte Generalmusikdirektor Fritz Busch von den Nationalsozialisten aus seinem Amt vertrieben. Auch die Kunstakademie wurde „gesäubert", wo u.a. auch Otto Dix sein Lehramt verlor. Im Lichthof des Neuen Rathauses fand bereits im September 1933 die Propagandaausstellung „Spiegelbilder des Verfalls der Kunst", u.a. mit Werken von Otto Dix, Conrad Felixmüller, Oskar Kokoschka und Karl Schmidt-Rottluff statt, womit die gesamte klassische Moderne als „entartete Kunst" diffamiert werden sollte. Die Schau wurde zum Vorbild für die 1937 in München eröffnete große Propaganda-Ausstellung „Entartete Kunst". Bereits im März 1933 wurden bei einer Bücherverbrennung vor dem Gebäude der „Dresdner Volkszeitung" Werke missliebiger politischer Autoren verbrannt und vor dem Hauptgebäude der Technischen Universität fand im Mai 1933 eine zweite Bücherverbrennung statt. Schon am 1. April 1933 fand ein „Judenboykott" von Geschäften jüdischer Geschäftsleute in Dresden statt. Die Schaufenster von jüdischen Geschäften auf der Prager Straße waren mit wüsten Parolen beschmiert und vor den Läden standen SA-Leute, um diejenigen am Eintreten zu hindern, die sich dennoch nicht einschüchtern ließen. In Dresden begann nun wie überall im Deutschen Reich die „Arisierung" jüdischer Geschäfte und Banken sowie die Entlassung jüdischer Angestellter. 1935 musste Victor Klemperer seinen Lehrstuhl für Romanistik an der Technischen Hochschule Dresden räumen. 1938 wurden die Juden von der Nutzung der städtischen Sanatorien ausgeschlossen. In der „Reichskristallnacht" wurden auch in Dresden jüdische Kaufhäuser, Geschäfte und Wohnungen zerstört sowie die Synagoge, Gottfried Sempers einziger Sakralbau, niedergebrannt, womit der NS-Terror gegen die Juden für jedermann sichtbar wurde und mit der Einlieferung von 151 Juden in Konzentrationslager eine weitere erhebliche Steigerung erreichte.

Der Terror der Nazis zeigte schnell Wirkung. Diejenigen, die öffentliche Kritik übten, verschwanden im Gefängnis oder Konzentrationslager. Wer nicht für Hitler war, hielt in der Regel zumindest still, arrangierte sich und ging im neuen System auf. Das fiel den meisten Dresdnern angesichts der innen- und außenpolitischen sowie wirtschaftlichen Erfolge Hitlers relativ leicht. 1936 war die Vollbeschäftigung erreicht, nachdem es 1933 noch 80.000 Arbeitslose in Dresden gegeben hatte, wobei der Schein trügte, da das ja nur auf Schuldenbasis und insbesondere durch Aufrüstung und Autobahnbau vollbracht wurde. Auch unter den Arbeitern, die nun vielfach zu bescheidenem Wohlstand gelangten, stieg nun die Akzeptanz des NS-Regimes. Die Dresdner tranken Kaffee im Kugelhaus, bis es 1938 von den Nazis als „undeutsch" bezeichnet und abgetragen wurde, und fuhren mit dem Dampfer elbaufwärts in die Sächsische Schweiz und elbabwärts in das inzwischen tausendjährige Meißen.

Die Staatsverschuldung ermöglichte auch den begrenzten Neubau von Wohngebieten, den Ausbau des Verkehrswesens und der öffentlichen Verkehrsmittel. Im städtischen Leben nahmen die teilweise bereits vor 1933 gebauten Hechtstraßenbahnwagen und Kraftomnibusse einen wichtigen Platz ein.

Der Ruf Dresdens als Kunst- und Kulturstadt, der während der „Säuberungsaktionen" in Teilen der deutschen Bevölkerung und im Ausland gelitten hatte, erholte sich Mitte der 30er Jahre erstaunlich schnell. Besonders die Staatsoper blieb ein Magnet mit hoher Anziehungskraft und stieg unter ihrem neuen, dem

Gret Palucca als junge Tänzerin  
Gret Palucca as a young dancer

Der Dresdner Kreuzchor in der Kreuzkirche (Orgelseite)  
The choir of Dresden's Kreuzkirche (organ side)

System genehmen Chefdirigenten Karl Böhm neben den Opernhäusern in Berlin, der Hamburger Staatsoper und dem Gewandhaus in Leipzig in die „Erste Klasse" der Opernhäuser Deutschlands auf, wo nun Werke, die für den Geist des Nationalsozialismus missbraucht werden konnten, hoch im Kurs standen, so die Richard Wagners, Hitlers Lieblingskomponisten. Das kulturelle Leben in Dresden war auch durch die Kreuzchoraufführungen, die junge Tänzerin Palucca und die Darbietungen des beliebten Zirkus Sarrasani mitbestimmt.

Noch ahnten auch in Dresden nur wenige, dass Hitler allen verlogenen Friedensbeteuerungen zum Hohn einen verbrecherischen Angriffskrieg plante, der über eine Revanche des verlorenen Ersten Weltkrieges (1914–1918) weit hinausgehen und Europa in einen Flächenbrand verwandeln sowie unermessliches Leid über die Stadt Dresden und ihre Einwohner bringen sollte.

Kugelhaus am Großen Garten und Parkeisenbahn | Kugelhaus and park railway train in the Großer Garten

Dampfschifflandeplatz am Terassenufer | Steamer dock at the Elbe Terraces

Hechtwagen der Dresdner Straßenbahn-AG am Altmarkt | Dresden tramway company tram at the Altmarkt

Kraftomnibusse am Dresdner Hauptbahnhof | Omnibuses at Dresden Central Station

## II. Kriegsalltag in Dresden und die Entwicklung des Luftkrieges bis Anfang 1945

Als am 1. September 1939 mit dem deutschen Überfall auf Polen der Zweite Weltkrieg begann, herrschte in Dresden, wie auch andernorts, eher gedrückte Stimmung. Die übergroße Mehrheit der Bevölkerung hielt zum „Führer" und glaubte an die Richtigkeit der deutschen Sache, jubelte über die Siege in den ersten Kriegsjahren und glaubte an den Endsieg. Der Krieg spielte sich in weiter Ferne ab und man verschloss die Augen vor allem, was auf das Gegenteil hindeutete. Für die Zivilbevölkerung kam es zunächst nur zur Rationierung der Lebensmittel und Güter des täglichen Bedarfs.

Nachdem die Deutsche Wehrmacht im Mai 1940 in Frankreich eingefallen war, begann die britische R.A.F. mit kleineren Luftangriffen auf deutsche Städte und die deutsche Luftwaffe mit um ein Vielfaches schwereren Bombardierungen britischer Städte. Am Anfang des Luftkrieges hatte auf beiden Seiten noch die Zerstörung militärisch wichtiger Ziele im Vordergrund gestanden, was sich bald ändern sollte.

Obwohl es Hitler nicht gelungen war, Großbritannien zum Friedensschluss zu bewegen, und es der Luftwaffe in der zweiten Jahreshälfte 1940 nicht gelungen war, die britische R.A.F. auszuschalten und somit die Voraussetzung für eine Invasion auf der Insel zu schaffen, begann Hitler 1941 mit dem Russlandfeldzug. Nach den vorangegangenen siegreichen Feldzügen auf dem europäischen Festland kam es Ende 1941 zur ersten großen Niederlage der Wehrmacht vor Moskau und nach der schweren Niederlage in Stalingrad Anfang 1943 zur entgültigen Kriegswende und zum Rückzug an allen Fronten. Nun begann auch bei einer wachsenden Anzahl Deutscher der Glaube an den Endsieg zu bröckeln.

Mit der Strategie des „moral bombing", der Zerstörung deutscher Städte ohne die hauptsächliche bzw. auch ohne Bombardierung kriegswichtige Ziele, sollte der Kriegswillen der deutschen Zivilbevölkerung gebrochen werden. 1942 wurde Arthur Harris zum Oberbefehlshaber des britischen Bomber Command berufen, der diese bis dahin noch nicht angewendete neue Strategie zu seiner machte und den Luftkrieg gegen deutsche Städte auf dieser Grundlage ganz erheblich verschäfte. Der Bombenkrieg gegen die Zivilbevölkerung wurde sogar noch, als die alliierten Truppen 1945 bereits auf deutschem Territorium standen, mit noch größerer Härte fortgeführt. Bereits Anfang 1944 hatten die Briten und Amerikaner die uneingeschränkte Luftherrschaft erreicht.

Die deutschen Zeitungen füllten sich immer mehr mit Todesanzeigen gefallener deutscher Soldaten und bereits Mitte 1944 waren die letzten wehrtauglichen Männer zum Kriegsdienst einberufen. Ihre Plätze in den Fabriken, die fast vollständig auf Rüstungsproduktion umgestellt worden waren, mussten Frauen sowie Zwangsarbeiter und KZ-Häftlinge aus den besetzten Ländern Europas einnehmen.

Während durch die britischen Flächenbombardements eine deutsche Stadt nach der anderen in Schutt und Asche sank, wurde Dresden bis Oktober 1944 nicht ein einziges Mal angegriffen. Es ist schwer zu sagen, warum Dresden bis kurz vor Kriegsende von britischen Bombenangriffen verschont blieb. Eine mögliche Erklärung ist, dass Dresden im britischen „Bombers Baedeker", einer Anleitung zur Bombardierung auf wehrwirtschaftliche Ziele, wegen seiner zu 40 % unbebauten Stadtfläche lange Zeit als unattraktives sowie seit 1944 noch als nicht wichtiges Angriffsziel eingestuft worden war und dass Harris dadurch mit seinem Wunsch einer Bombardierung Dresdens bei seinen Vorgesetzten lange Zeit kein Gehör fand.

Erst 1945 wurde Dresden für die Amerikaner und Briten zum dringlichen Bombenziel erklärt. Ein Hintergedanke der britischen Führung für einen Angriff auf Dresden war es, den von Osten her immer tiefer ins Reichsgebiet vorrückenden Sowjets zu imponieren, indem sie ihnen die Macht des Bomberkommandos anschaulich vor Augen führten. Es sollte mit Flächenbombardements, die in der Schlussphase des Krieges auch von den Amerikanern durchgeführt wurden, außerdem noch stärkerer Druck auf die deutsche Zivilbevölkerung ausgeübt werden, um ihre Widerstandskraft zu brechen. Das bedeutete, dass Flächenangriffe noch stär-

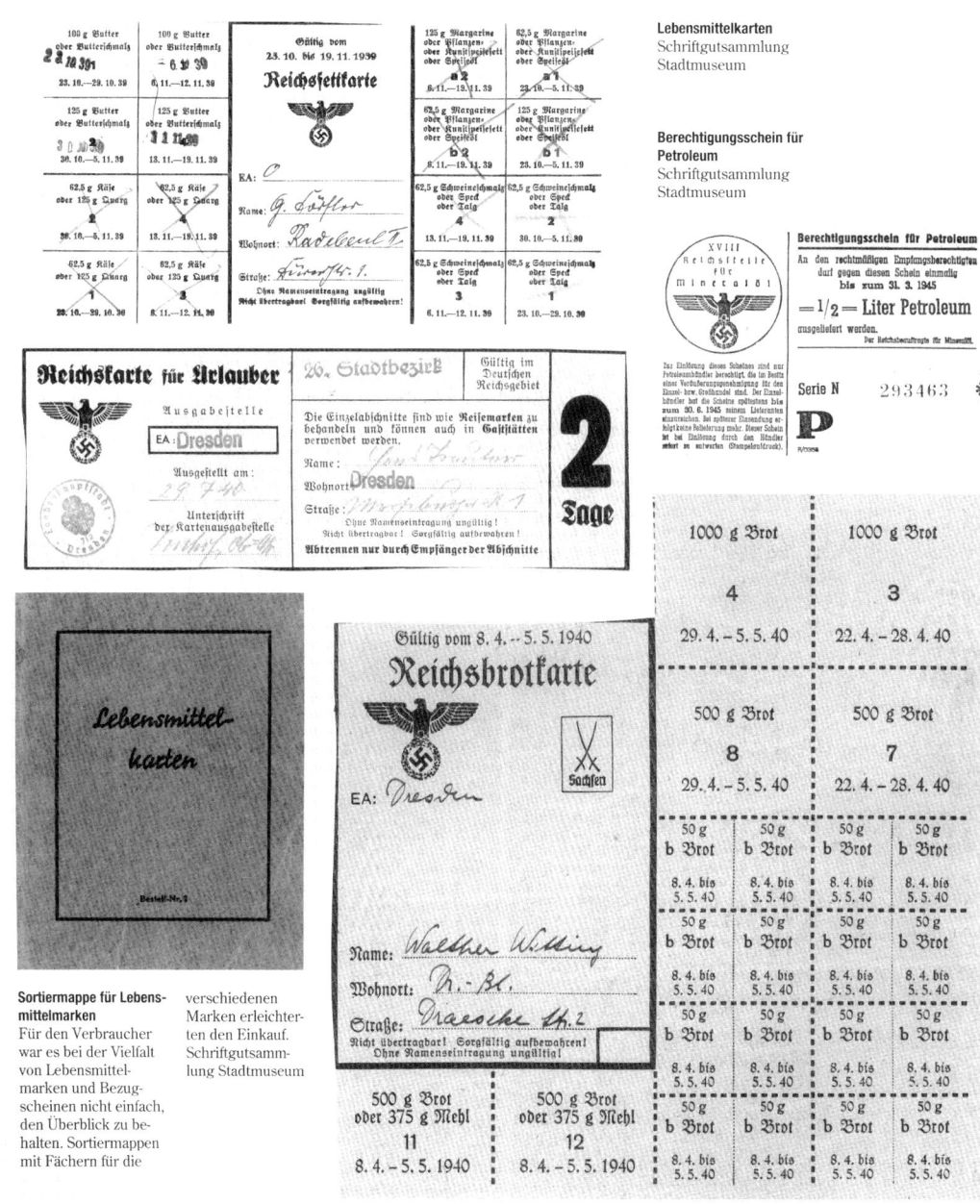

Lebensmittelkarten und Bezugsscheine für Petroleum | Ration cards and coupons for petrol

Vereidigung von Wehrmachtsangehörigen im Straßenbahnhof Waltherstraße | Swearing-in of military personnel at Waltherstraße tram depot

Treuekundgebung für den Führer am Neustädter Elbufer 1944 | Rally of loyalty to Adolf Hitler on the Neustadt bank of the Elbe, 1944

Frauenarbeit in der Rüstungsproduktion im Sachsenwerk Dresden-Niedersedlitz 1944 | Women working in the Sachsenwerk munitions factory, Dresden-Niedersedlitz, 1944

ker als bisher zum Instrument des Terrors ausufern mussten. Dafür muss Churchill das noch fast unzerstörte Dresden als Angriffsziel bestens geeignet erschienen sein. Auf der Konferenz von Jalta vom 04.02. bis 11.02.1945, auf der sich die „Großen Drei", Roosevelt, Churchill und Stalin, trafen – u.a. um ihr weiteres Vorgehen gegen Deutschland bis Kriegsende und für danach zu vereinbaren –, stand die Bombardierung von Dresden nicht direkt als Thema auf der Tagesordnung. Der stellvertretende sowjetische Generalstabschef Antonow forderte die USA und Großbritannien lediglich auf, durch Luftangriffe auf Verbindungseinrichtungen deutsche Truppenverlegungen an die Ostfront zu verhindern. Damit rannte er bei den Briten offene Türen ein. Dresden wurde durch diese Konstellation sowohl ein militärisches als auch ein politisches Ziel.

In Dresden war der öffentliche Luftschutzbunkerbau schwer vernachlässigt worden, während der Gauleiter von Sachsen, Mutschmann, im Volksmund auf Grund seiner Selbstherrlichkeit „König Mu" genannt, auf seinen Grundstücken in Dresden und in Tharandt teure und sehr sichere private Luftschutzbunker hatte errichten lassen. Die Dresdner empfanden die verordneten Luftschutzübungen großteils als lästig. In der Stadt beließ man es fast ausschließlich bei der Herrichtung von Kellern als Luftschutzräume, was angesichts der drohenden Gefahr völlig unzureichend war. Die Dresdner NS-Führung hatte der Bevölkerung die Gefahr von Luftangriffen verharmlost und viele Dresdner waren selbst noch nach den ersten beiden kleineren amerikanischen Bombenangriffen im Oktober 1944 und Januar 1945 in dem Irrglauben, dass ihre Kunst- und Kulturstadt mit einzigartigen kunsthistorischen Bauten von europäischem Rang und Weltgeltung von einer Zerstörung verschont bleiben würde.

## III. Der Untergang des alten Dresden durch die britischen Bombenangriffe in der Nacht vom 13./14. Februar 1945

In Dresden war es am Abend des 13. Februar ruhig in der Stadt, die Häuser waren verdunkelt und die Straßenbeleuchtung war ausgeschaltet. In der Stadt hielten sich außer den ortsansässigen Dresdnern auch verwundete Soldaten, Zwangsarbeiter, Kriegsgefangene sowie eine große Zahl Flüchtlinge auf, die aus Schlesien vor der vorrückenden Roten Armee geflüchtet waren und sich auf der Durchreise befanden. Deshalb dürften sich zu diesem Zeitpunkt etwa 900.000 oder sogar noch erheblich mehr Menschen hier aufgehalten haben. Die genaue Zahl wird sich niemals ermitteln lassen.

Von den Kindern, die am Dienstag des 13. Februar 1945 Fasching gefeiert hatten, lagen die meisten längst im Bett. Es wurden, seitdem Goebbels in seiner berüchtigten Rede im Berliner Sportpalast 1943 den „Totalen Krieg" propagiert hatte, auch in Dresden kaum noch öffentliche Veranstaltungen durchgeführt und das vor Kriegsbeginn und auch noch in den ersten Kriegsjahren reichhaltige kulturelle Leben in der Elbestadt war fast gänzlich zum Erliegen gekommen. Wenigstens hatten bestimmte Gaststätten geöffnet und im Zirkus Sarrasani, der auch im 6. Kriegsjahr weiterspielen durfte, um die Dresdner weiterhin einigermaßen bei Laune zu halten, lief noch die Abendvorstellung.

Bei den Angriffen auf Dresden wurden, so wie sich das bereits bewährt hatte, auch Maschinen mit Kurs auf andere Ziele geschickt, die Stör- und Täuschungsangriffe unternahmen. Sie warfen bündelweise Stanniolstreifen zur Verwirrung von Radar und Luftabwehr der Deutschen ab und sollten den Hauptangriff verschleiern. Für die britischen Bomberbesatzungen war der Angriff auf Dresden reine Routine. Bei der ersten Angriffswelle des 13. Februar kamen insgesamt 245 Lancaster-Bomber der 5. Bomberflotte der R.A.F. zum Einsatz. Die viermotorigen Lancaster waren kräftige Transport- und präzise Abwurfmaschinen ihrer tödlichen Bombenlast. Über Dresden gab es am Abend noch ein paar Wolken, die sich immer mehr verzogen. Die letzten Wettermeldungen hatten klaren Himmel für zwei bis drei Stunden für die kommende Nacht vorausgesagt, für einen Nachtangriff ideale Bedingungen.

Nachdem um 21.40 Uhr Fliegeralarm gegeben worden war, trafen um 22.03 Uhr die Beleuchter und Erstmarkierer über Dresden ein. Sie warfen Markierungsbomben und weiße Leuchtkaskaden ab, wodurch der Himmel über der Stadt in gleißendes Licht getaucht wurde. Der örtlichen Luftschutzleitung war nun klar, dass das der Ernstfall war. Der Masterbomber kreiste mit seiner Maschine unablässig über der Stadt. Um 22.05 Uhr jagten die Mosquitos über die Stadt und klinkten ihre roten Zielmarkierungsbomben über dem Fußballstadion des DSC im Ostragehege aus. Damit waren die Voraussetzungen geschaffen, dass die Lancaster-Bomber ihre tödliche Last im vorgesehenen, nun gekennzeichneten Zielsektor abwerfen konnten. Die Altstadt von Dresden mit ihren Brücken, Kuppeln und Türmen, die nur noch wenige Minuten existieren würde, lag in grellem Licht. Der Masterbomber leitete den Angriffsbefehl per UKW-Sprechfunk an die Lancaster-Besatzungen weiter, die wegen Fehlens von Flak, die u.a. als Panzerabwehrwaffe an die Ostfront verlegt worden war, und Nachtjägern, die nur bei diesem 1. Angriff und dabei zu spät aufstiegen, auf bis zu 3.400 Meter Höhe heruntergehen konnten. Die geringe Anzahl noch vorhandener deutscher Nachtjäger hätte gegen die britische Übermacht, selbst wenn sie rechtzeitig aufgestiegen wäre, kaum noch etwas ausrichten können.

Um 22.13 Uhr begann das Dresdner Inferno mit dem Abwurf von Minen und Sprengbomben und Stabbrandbomben. Die letzten Bomben fielen um 22.28 Uhr. Als der letzte Bomber abdrehte, glich die Stadt einem einzigen Brandherd. Bei der zweiten Angriffswelle des 14. Februar, die 1.23 Uhr begann und bis 1.55 Uhr andauerte, nahmen 529 Lancaster-Bomber teil, die erneut Minen und Sprengbomben sowie Stabbrandbomben abwarfen. Durch die nochmalige Bombardierung des Stadtzentrums und die Ausweitung der bombardierten Fläche auf weitere Stadtteile bei diesem zweiten Angriff wurde der Untergang Dresdens besiegelt. Es wurden bei den beiden Angriffen insgesamt 1.477,7 Tonnen Minen und Sprengbomben sowie

Britischer Avro Lancaster-Bomber. Dieser Bombertyp war an den meisten Bombenangriffen auf deutsche Städte im Zweiten Weltkrieg beteiligt | British Avro Lancaster bomber. This plane was used in most of the raids on German cities in the Second World War

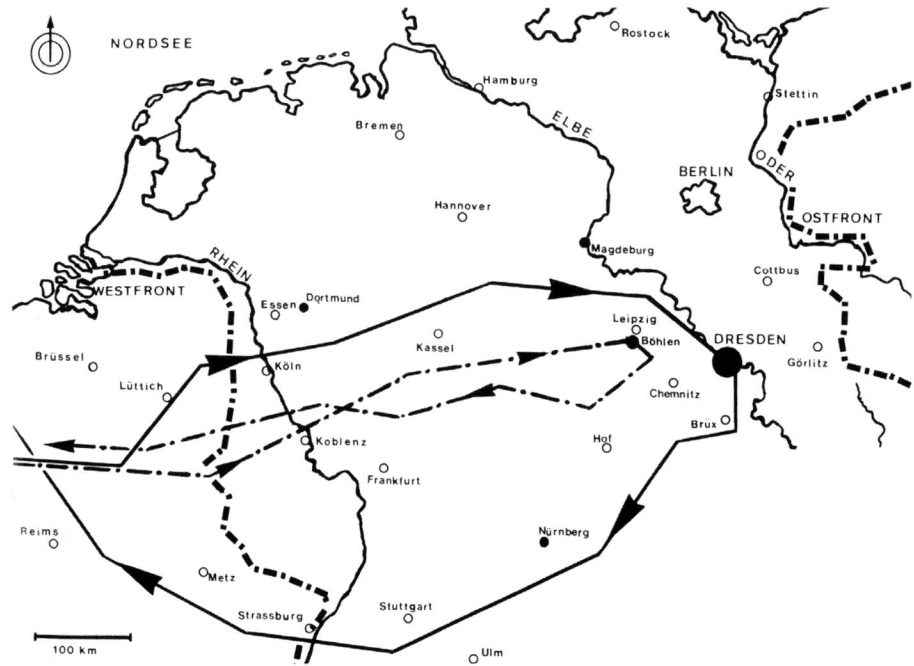

An- und Abflugsroute der britischen Bomberverbände beim ersten Nachtangriff auf Dresden am 13. Februar 1945
Entry and exit flight paths of the British fleets for the first night raid on Dresden on 13 February 1945

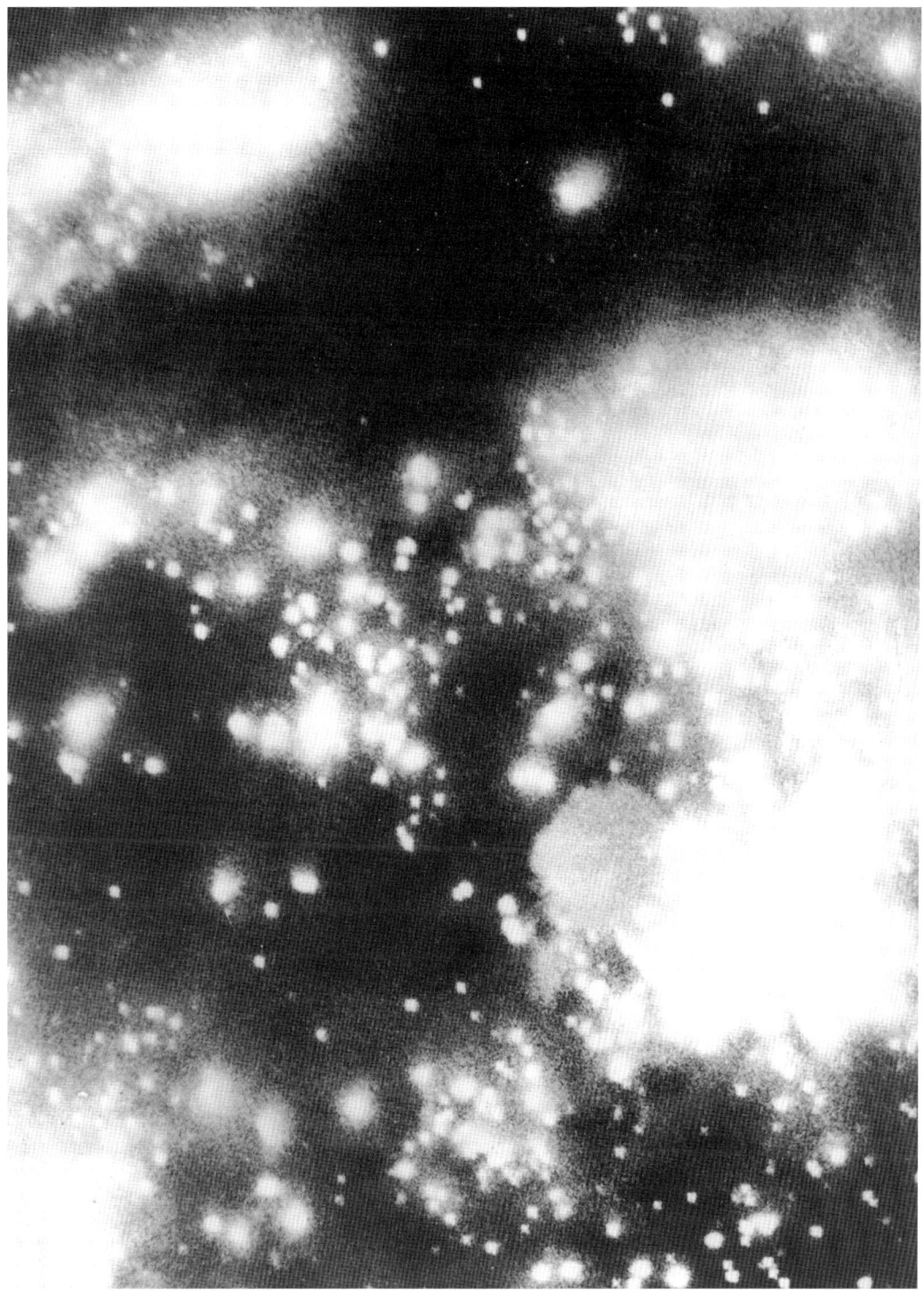

Blick aus einem Flugzeug der R.A.F. auf Bombeneinschläge und beginnende Flächenbrände beim ersten Nachtangriff am 13. Februar 1945 | Bombs hitting the ground and fire spreading: view from a RAF plane during the first night raid on 13 February 1945

Der brennende Hauptbahnhof nach dem ersten Nachtangriff am 13. Februar 1945
Dresden Main Station burning following the first night attack on 13 February 1945

Das brennende Polytechnikum am Bismarckplatz nach dem ersten Nachtangriff am 13. Februar 1945
The Polytechnikum on Bismarckplatz burning following the first night attack on 13 February 1945

Das brennende Dresden. 14. Februar 1945. Aquarell von Otto Griebel | Dresden Burning. 14 February 1945. Watercolour by Otto Griebel

1.181,1 Tonnen Brandbomben abgeworfen. Die beiden Angriffe, die sich in dieser Nacht ereigneten, hatten sich durch die Entscheidung des Masterbombers beim zweiten Angriff, die Angriffswelle auf weitere Stadtgebiete auszudehnen, auch zum größten und zerstörerischsten konventionellen Flächenbombardement des Zweiten Weltkrieges entwickelt.

Das Gemälde von Otto Griebel „Das brennende Dresden", dass auf dieser Seite abgebildet ist, entstand in Auseinandersetzung des Künstlers, der das Inferno selbst miterlebte, mit der Brandnacht.

In Dresden kam es im dicht bebauten Stadtzentrum zum Feuersturm, wobei die Angriffsplanung, seitdem es in Hamburg 1943 zum Feuersturm gekommen war, weiter verfeinert worden war. Schwere Luftminen und Sprengbomben sprengten die Häuser auf und Brandbomben schlugen in die bereits aufgerissenen Häuser ein. In diesen fanden sie sofort Nahrung und erfassten die hölzernen Balken der Dachstühle. Türen, Treppengeländer, Möbel, Teppiche und Gardinen trieben die Brände weiter. Die Brände machten in Folge der sich entwickelnden Hitze selbst Asphaltstraßen zu flammenden Sümpfen. Einzelbrände vereinigten sich zu immer größeren Feuerfronten, die schließlich zum Feuersturm anschwollen. Der Brandherd saugte mit der Wucht eines Wirbelsturmes immer neue Nahrung an: Bäume, Autos, Gebäudeteile, Menschen.

Bei Temperaturen im Feuersturm von etwa 1.000 Grad Celsius müssen auch Menschen darin fast vollständig verbrannt sein. Der Feuersturm tobte im Stadtzentrum stundenlang unersättlich und tötete selbst Menschen, die nicht mit in den Brandherd hineingerissen wurden. Diese sind qualvoll erstickt, weil sie die heiße Luft nicht atmen konnten, ihre Lungenbläschen im Nu ausgetrocknet waren, ihre Lungen zusammengeschrumpft oder geplatzt waren. Bei vielen verdampften das Blut und die Körperflüssigkeit sowie ihre Haut schrumpfte zu Leder.

*1*
Tote Menschen, die erfolglos versucht hatten, sich in ein Löschwasserbecken zu retten
Bodies of people who tried in vain to save themselves by getting into a fire reservoir

*2*
Einsatz von Pferdefuhrwerken zur Leichenbergung
Horse-drawn carts taking the dead

*3*
Leichenverbrennung auf provisorischen Rosten aus Eisenträgern auf dem Altmarkt
Bodies burning on a frame of iron supports, Altmarkt

Flüchtlingszüge vor dem Neustädter Bahnhof nach Kriegsende | Trains carrying refugees, outside Neustadt Railway Station, after the end of the war

Für viele Dresdner, die nach den Anweisungen der örtlichen Luftschutzleitung handelten und in den Luftschutzkellern blieben, um das Entwarnungssignal abzuwarten, wurden diese ohne direkte Brandeinwirkung durch enorme Hitze und Sauerstoffmangel zu Todesfällen.

In jener Schreckensnacht und bei zwei darauffolgenden amerikanischen Luftangriffen bei Tage am 14. und 15. Februar, die vergleichsweise ganz erheblich weniger Menschen den Tod brachten und ganz erheblich weniger Zerstörungen an Wohngebäuden anrichteten, fanden laut dem Zwischenergebnis einer eigens dafür eingesetzten Historikerkommission nach neuesten wissenschaftlichen Erkenntnissen bis zu 25.000 Menschen den Tod. Das in Jahrhunderten gewachsene, dichtbebaute Stadtzentrum von Dresden mit seinen kunsthistorisch wertvollen Bauten wurde bei den britischen Nachtangriffen am 13./14. Februar völlig zerstört. Das Gebiet totaler Zerstörung betrug 15 Quadratkilometer.

Zunächst konnten die Rettungsmannschaften noch Überlebende aus den Trümmern befreien, doch schon bald gab es nur noch Leichen zu bergen. Wegen Seuchengefahr wurden auf dem Altmarkt 6.865 Tote, die u. a. mit Pferdefuhrwerken herangeschafft wurden, verbrannt. Die Toten der Bombenangriffe vom 13./14. Februar wurden auf dem Heidefriedhof in einem Massengrab beigesetzt.

Tieffliegerangriffe auf Menschen, die es beim nachfolgenden Tagesangriff der Amerikaner am 14. Februar laut Meinung von Zeitzeugen gegeben haben soll, haben sich bis heute niemals eindeutig belegen und beweisen lassen. Die Amerikaner, die außer den beiden britischen die restlichen sechs Luftangriffe auf Dresden flogen, griffen in Dresden einerseits gezielt kriegswichtige Ziele an, insbesondere Bahnhöfe, andererseits wurden auch von ihnen Wohngebiete getroffen.

## IV. Gegenüberstellung von Dresdner Stadtansichten und Gebäuden vor und nach der Zerstörung

Die Fotos von Stadtansichten und Gebäuden nach der Zerstörung wurden teilweise einige Jahre nach 1945 aufgenommen. Weil die gegenüber gestellten Bilder für sich alleine sprechen, habe ich dafür keinen Einführungstext geschrieben. Die Fotos nach der Zerstörung stammen u.a. von dem Dresdner Fotografen Richard Peter senior, der mit einer geliehenen Kamera in den Ruinen Fotos für die Nachwelt festgehalten hat und der hier stellvertretend für alle Fotografen, die solche Bilder aufgenommen haben, genannt werden soll.

*1*
Blick vom Rathausturm auf das historische Stadtzentrum nach Nordwesten mit dem Schloss und der Katholischen Hofkirche
Looking northwest from the tower of the Town Hall: view of the historical centre with Schloss and Catholic Hofkirche

*2*
Blick vom Rathausturm auf das zerstörte historische Stadtzentrum mit dem zerstörten Schloss und der schwer beschädigten Katholischen Hofkirche
Looking from the tower of the Town Hall: view of the historical centre in ruins with Schloss destroyed and the Catholic Hofkirche badly damaged.

Blick über die Katholische Hofkirche nach Dresden-Neustadt
View across the Catholic Hofkirche towards Dresden-Neustadt

Blick von der Schlossruine über die Katholische Hofkirche nach Dresden-Neustadt
View from the ruined Schloss over the Catholic Hofkirche towards Dresden-Neustadt

Katholische Hofkirche, beschädigte Figuren der unteren Balustrade (Heiliger Stephanus und Heiliger Casimir)
Catholic Hofkirche, damaged figures on the lower balustrade (St. Stephan and St. Casimir)

Blick von der Brühlschen Terrasse zum Schloss  |  View of the Schloss from Brühl Terrace

Blick von der Katholischen Hofkirche zur Schlossruine  |  View of the ruined Schloss from the Catholic Hofkirche

Blick über die Katholische Hofkirche zur Semperoper | View of the Semper Opera House across the Catholic Hofkirche

Blick vom Turm der Katholischen Hofkirche zur Ruine der Semperoper | View from the steeple of the Catholic Hofkirche to the ruin of the Semper Opera House

Blick über den Zwingerhof zur Gemäldegalerie  |  View across the Zwinger courtyard to the Gemäldegalerie (Painting Gallery)

Blick durch den Zwingerhof auf den zerstörten Zwinger nach Nordwesten  |  View northwest through the Zwinger courtyard to the ruined Zwinger palace

Zerstörte Figur des Herkules im Kronentor  |  Ruined figure of Hercules in the Crown Gate

Blick über den Stallhof des Schlosses zur Frauenkirche | View across the courtyard of the royal stables towards the Frauenkirche

Blick vom Georgentor über den Stallhof des Schlosses zur zerstörten Frauenkirche | View from the George Gate across the courtyard of the royal stables to the ruined Frauenkirche

1
Blick über die Elbe zur Frauenkirche
View across the Elbe to the Frauenkirche

2
Blick von der Brühlschen Terrasse zur Ruine der Frauenkirche
View from Brühl Terrace to the ruin of the Frauenkirche

3
Blick in die zerstörte Münzgasse nach der Frauenkirche
View along the ruins of Münzgasse towards the Frauenkirche

Blick über den Neumarkt zur Frauenkirche | View across the Neumarkt to the Frauenkirche

Blick über den Neumarkt zur Ruine der Frauenkirche, im Vordergrund das Denkmal König Friedrich Augusts II.
View across the Neumarkt to the ruined Frauenkirche, monument to King Friedrich August II in the foreground

Altmarkt mit Blick zur König-Johann-Straße  |  Altmarkt and view of König-Johann-Straße

Altmarkt mit Blick zur König-Johann-Straße nach der Zerstörung  |  Altmarkt and view of König-Johann-Straße after the destruction

Blick über den Altmarkt zur Kreuzkirche
View across the Altmarkt to the Kreuzkirche

Blick über den zerstörten Altmarkt zur schwer beschädigten Kreuzkirche | View across the ruined Altmarkt of the severely damaged Kreuzkirche

Blick über den Postplatz zur Sophienkirche | View across Postplatz to Sophienkirche

Blick von der Sophienstraße zur Ruine der Sophienkirche und zum Postplatz | View from Sophienstraße to the ruin of Sophienkirche and Postplatz

Blick in die Sophienkirche
View of the interior of the Sophienkirche

Blick in die Ruine der Sophienkirche | View inside the ruined Sophienkirche

Bärenschänke in der Webergasse  |  Bärenschänke inn on Webergasse

Webergasse mit Ruine der Bärenschänke  |  Webergasse and ruins of the Bärenschänke inn

Zentraltheater in der Waisenhausstraße  
Zentraltheater on Waisenhausstraße

Ruine des Zentraltheaters in der Waisenhausstraße  
Ruin of the Zentraltheater on Waisenhausstraße

Blick über die Ringstraße zur Kreuzkirche und zum Neuen Rathaus  |  View across the Ringstraße to the Kreuzkirche and the New Town Hall

Blick über die Ringstraße zur Kreuzkirche und zum Neuen Rathaus nach der Zerstörung  |  View across the Ringstraße to the Kreuzkirche and the New Town Hall after the destruction

Blick über den Rathausplatz zum Neuen Rathaus  |  View across the Rathausplatz to the New Town Hall

Blick über den Rathausplatz zum Neuen Rathaus nach der Zerstörung  |  View across the Rathausplatz to the New Town Hall after the destruction

Blick vom Turm des Neuen Rathaus zur Johann-Georgen-Allee | View of Johann-Georgen-Allee from the tower of the New Town Hall

Blick vom Turm des Neuen Rathaus zur Johann Georgen-Allee nach der Zerstörung | View of Johann-Georgen-Allee from the tower of the New Town Hall after the destruction

Blick zum Kaiserpalast am Pirnaischen Platz  |  View of the Kaiserpalast on Pirnaischer Platz

Blick vom Turm des Neuen Rathauses zum Kaiserpalast am Pirnaischen Platz nach der Zerstörung  |  View of the Kaiserpalast on Pirnaischer Platz, seen from the tower of the New Town Hall after the destruction

Blick über die König-Johann-Straße zum Landhaus | View across König-Johann-Straße to the Landhaus

Blick vom Turm des Neuen Rathauses zum Landhaus nach der der Zerstörung | View from the tower of the New Town Hall to the Landhaus after the destruction

Blick in die Rampische Straße nach der Frauenkirche
View of Rampische Straße, looking towards the Frauenkirche

Blick in die zerstörte Rampische Straße nach der Frauenkirchruine
View of Rampische Straße in ruins, looking towards the ruin of the Frauenkirche

Blick über den Pirnaischen Platz zum Neuen Rathaus und zur Kreuzkirche | View across Pirnaischer Platz, looking towards the New Town Hall and the Kreuzkirche

Blick vom Georgentor zum Neuen Rathaus und zur Kreuzkirche nach der Zerstörung | View from the George Gate, looking towards the New Town Hall and the Kreuzkirche after the destruction

Ferdinandplatz mit Gänsediebbrunnen | Ferdinandplatz and Gänsediebbrunnen

Ferdinandplatz mit Gänsediebbrunnen nach der Zerstörung | Ferdinandplatz and Gänsediebbrunnen after the destruction

Blick in die Prager Straße  |  Looking down Prager Straße

Blick in die zerstörte Prager Straße  |  Looking down the ruined Prager Straße

Blick über den Wiener Platz zum Kaiser-Cafe  |  Looking across Wiener Platz towards the Kaiser Cafe

Blick über den Wiener Platz zur Ruine des Kaiser-Cafes  |  Looking across Wiener Platz at the ruin of the Kaiser Cafe

Werderstraße mit Lukaskirche | Werderstraße and the Lukaskirche

Werderstraße mit schwer beschädigter Lukaskirche nach der Zerstörung
Werderstraße with badly damaged Lukaskirche after the destruction

Blick über den Stübelplatz zum Ausstellungspalast | Looking across Stübelplatz toward the Exhibition Building

Blick über einen provisorischen Schrottplatz an der Stübelallee zur Ruine des Ausstellungspalastes
Looking across a temporary rubble depot on Stübelallee towards the ruins of the Exhibition Building

Blick von der Elbseite zum Narrenhäusel  |  The Narrenhäusel seen from the bank of the Elbe

Blick von der Elbseite zum zerstörten Narrenhäusel  |  The ruined Narrenhäusel seen from the bank of the Elbe

Blick über den Neustädter Markt zur Neustädter Hauptstraße | Looking across Neustädter Markt at the Neustädter Hauptstraße

Blick über den Neustädter Markt zur Ruine des Neustädter Rathauses | View across the Neustädter Markt to the ruin of the Neustädter Rathaus

Blick über den Albertplatz zur Neustädter Hauptstraße | View across Albertplatz to Neustädter Hauptstraße

Blick über den Abertplatz zur Neustädter Hauptstraße nach der Zerstörung | View across Abertplatz to Neustädter Hauptstraße after the destruction

Zirkus Sarrasani am Carolaplatz  |  Sarrasani Circus on Carolaplatz

Ruine des Zirkus Sarrasani am Carolaplatz  |  Ruins of Sarrasani Circus on Carolaplatz

## V. Die unmittelbaren Folgen der sinnlosen Zerstörung bis Kriegsende und in den ersten Nachkriegsjahren

Nach dem 13. und 14. Februar war die Stadt Dresden zunächst wie gelähmt. Die Stadtverwaltung stand vor kaum lösbaren Aufgaben. Nur mit größter Mühe gelang es den Behörden, die Ausgebombten zu verpflegen, die zunächst notdürftig in öffentlichen Gebäuden, Schulen und Gasthöfen in den Außenbezirken sowie Nachbargemeinden untergebracht wurden.

Die Dresdner Polizeibehörde erstellte eine Liste von 17 Sperrgebieten, die nicht mehr betreten werden durften. Dazu gehörte auch die Brühlsche Terrasse, der Neumarkt und der Schlossplatz, die Dresdens Ruf als Kunst- und Kulturstadt mitbegründet hatten.

Etwa 75.000 Wohnungen waren völlig zerstört und 100.000 Wohnungen waren beschädigt worden sowie weit über die Hälfte der Einzelhandelseinrichtungen existierte nicht mehr. Die Menschen in Dresden waren traumatisiert.

Bestimmte Straßen wurden bereits bis Kriegsende nach und nach von den Trümmern beräumt, so dass diese wieder von Fußgängern und Kraftfahrzeugen passiert werden konnten.

Suchmitteilungen nach Angehörigen an einer Hauswand nach den Angriffen vom 13./14. Februar | Missing person notices on a wall following the attacks of 13 and 14 February

Die Stimmungslage in Dresden war bis Kriegsende von Trauer und Trostlosigkeit gekennzeichnet. Es gelang aber auch in Dresden nicht, wie das mit den Flächenbombardements von den Briten beabsichtigt war, die Moral der deutschen Zivilbevölkerung zu brechen und dadurch die NS-Führung zur Kapitulation zu bringen, es wurde eher das Gegenteil dadurch erreicht. Es ist schwer zu sagen, ob die Angriffe auf zivile Ziele, das „moral bombing", den Krieg wesentlich oder überhaupt verkürzt haben. Sie kosteten hunderttausende Menschen in Deutschland das Leben und richteten in den Städten Zerstörungen von ungeheurem Ausmaß an. Die Zerstörung von Dresden war sinnlos und ohne Einfluss auf den Ausgang des längst entschiedenen Krieges. Die Saat, die die Deutschen mit den Bombardierungen von Warschau, Rotterdam oder Coventry gesät hatten, die am Anfang des Krieges weitgehend in Schutt und Asche gelegt wurden, hatte nun auch in Dresden als zuvor letzter (fast) unzerstörter Großstadt ihre furchtbare Ernte eingefahren.

Aus heutiger Sicht müssen alle Bombenangriffe, die der Zivilbevölkerung galten, also keine Bombenangriffe auf kriegswichtige Ziele mit Kollateralschäden ziviler Ziele, als Kriegsverbre-

Blindgänger einer amerikanischen 5-Zentner-Mehrzweckbombe in der Elbe in der Nähe des Neustädter Elbufers unweit der Albertbrücke | Unexploded US-made 500-pound general purpose bomb close to the Neustadt bank of the Elbe not far from Albertbrücke bridge

chen bezeichnet werden. Ich meine, dass solche Bombenangriffe, die während des Zweiten Weltkrieges auf beiden Seiten ganz oder teilweise der Zivilbevölkerung galten, auch 1945 schon als Kriegsverbrechen hätten eingestuft werden müssen, wenn diese laut den damals gültigen, noch sehr vagen Bestimmungen des Völkerrechts auch noch keine Verbrechen darstellten. Verbrechen bleiben doch immer Verbrechen, ganz gleich ob das auch auf dem Papier geschrieben steht oder nicht. Es bestand weder von deutscher, noch von alliierter Seite Interesse, die eigenen Bombardements, so z. B. gegen die britische bzw. deutsche Zivilbevölkerung, als Verbrechen anzusehen. Es ist bezeichnend, dass die deutsche Luftwaffe bei den Nürnberger Kriegsverbrecherprozessen nicht angeklagt wurde – so brauchten die Briten und Amerikaner damals vor der Weltöffentlichkeit nicht zu den eigenen Verbrechen an der deutschen Zivilbevölkerung Stellung zu beziehen.

Bereits unmittelbar nach den Angriffen des 13./14. Februar wurde von deutscher und alliierter Seite mit der politischen Instrumentalisierung der Zerstörung von Dresden begonnen, die in den Jahren des Kalten Krieges in Ost und West fortgesetzt wurde und die bis heute andauert. Ich möchte in meinen Buch ganz bewusst nicht weiter darauf eingehen, außer auch in diesem Zusammenhang zu sagen, dass die Totenzahlen der Luftangriffe vom 13./14. Februar in den nach den Angriffen und nach Kriegsende bis heute herausgegebenen Publikationen, die darin zwischen 25.000 und 400.000 schwanken, teilweise deshalb völlig überhöht angegeben worden sind. In der DDR hielt man fast durchgängig an der Opferzahl von 35.000 Toten fest.

Dresden wurde vor Kriegsende, um den weiteren Vormarsch der Roten Armee aufzuhalten, wie bereits viele andere deutsche Städte zuvor, zur Festung erklärt. Zu größeren Kampfhandlungen ist es in Dresden nicht mehr gekommen. Sämtliche unzerstörten Dresdner Elbbrücken, außer das

Mann beim (verbotenen) Holzholen aus Trümmern  
A man collecting wood from ruins (a forbidden activity)

Gemüseanbau auf einer Trümmerfläche im Stadtzentrum  
Growing vegetables among the ruins in the centre of town

„Blaue Wunder", dass durch das beherzte Eingreifen von Dresdnern unzerstört blieb, wurden von fanatischen SS-Leuten kurz vor Einmarsch der Roten Armee in Dresden, die am 08.05.1945, dem letzten Kriegstag, in Dresden einzog, gesprengt bzw. teilweise gesprengt. Dresden blieb, wie von den Alliierten vereinbart, von der Roten Armee besetzt. Der Krieg war mit dem Einmarsch der Roten Armee beendet, aber die Not der Menschen noch lange nicht. Nun gab es wieder Verhaftungen und Erschießungen und auch noch Vergewaltigungen und Plünderungen. Doch seit Mai 1945 gab es für die Menschen auch wieder Hoffnung auf ein einigermaßen normales Leben.

Die Jahre nach Kriegsende waren für die Menschen durch Entbehrungen gekennzeichnet. Lebensmittel wurden weiterhin nur auf Bezugsmarken ausgegeben und blieben teilweise noch bis in die 50er Jahre rationiert. Das kulturelle Leben kam trotz aller Schwierigkeiten rasch wieder in Gang. So gaben bereits im Sommer 1945 Staatskapelle und Philharmonie ihre ersten Nachkriegskonzerte. Die Trümmermenge wurde auf 15 bis 20 Millionen Kubikmeter geschätzt. Nach der vorrangigen Freilegung von Hauptverkehrsstraßen wurde mit einer großflächigen Enttrümmerung, deren Hauptleistung in den 50er Jahren lag und die Anfang der 60er Jahre auslief, begonnen.

In der Ostzone kam es nach der zwangsweisen Vereinigung der beiden Arbeiterparteien KPD und SPD zur Installation der Herrschaft der SED. Die Kommunisten, die parteiintern die Führung für sich beanspruchten, begannen im Herbst 1946 mit der systematischen Verdrängung von ehemaligen Sozialdemokraten aus Führungsfunktionen in der SED, bis 1948 die paritätisch besetzten Parteivorstände abgeschafft und die nicht die stalinistischen Parteiprinzipien vertretenden Parteimitglieder aus der SED ausgeschlossen wurden. Die SED hatte sich zu einer „Partei neuen Typs", einer Kaderpartei, gewandelt.

1
Einsatz einer Seilwinden-Lokomobile bei der Trümmerberäumung in der Großen Brüdergasse
A winch is used to clear rubble in Große Brüdergasse

2
Transport eine Gleisjochs für die Trümmerbahn einer bereits beräumten Straße
Transporting a section of track for the rubble trucks in a street which has been cleared

3
Trümmerbahn an der Schulgut-/Ecke Rathenaustraße
Rubble train at the corner of Schulgutstraße and Rathenaustraße

4
Dresdner Trümmerfrau
Dresden woman clearing rubble

2. Dresdner Nachkriegsweihnachtsmesse mit Striezelmarkt im ehemaligen Arsenal in der Albertstadt
Second Dresden postwar Christmas service and Christmas market in the former Albertstadt armoury

Kurhaus Bühlau. Konzertante Aufführung des Fidelio am 18.09.1945
Kurhaus Bühlau. Concert performance of Fidelio on 18 September 1945

VI. Ausblick auf den Neu- und Wiederaufbau in der DDR-Zeit (1949–1990) und in der Zeit nach der Wiedervereinigung Deutschlands bis 2005

1949 kam es in der sowjetisch besetzten Zone zur Gründung der Deutschen Demokratischen Republik. Die 40 Jahre, in denen die DDR als autoritärer Staat existierte, waren geprägt vom Aufbau eines Sozialismus mehr oder weniger nach sowjetischem Vorbild und unter Oberhoheit Moskaus. Die DDR blieb wirtschaftlich weit hinter der ebenfalls 1949 gegründeten Bundesrepublik Deutschland zurück und das außen- und innenpolitische Klima war vom Kalten Krieg geprägt.

Die ideologisch geprägte Entscheidung, Dresden als sozialistische Großstadt neu aufzubauen, führte zum Abriss fast aller Ruinen im Stadtzentrum. Es wurde sogar kunsthistorisch besonders wertvolle Bausubstanz abgerissen, wogegen sich die Gegner davon, insbesondere das Institut für Denkmalpflege, vergeblich gewehrt hatten. Die Sprengung von wiederaufbaufähigen Häusern der Rampischen Straße, so dem barocken Eckhaus zum Pirnaischen Platz hin, erfolgte ironischerweise ausgerechnet während der Festwoche zum 750-jährigen Stadtjubiläum 1956. Nach jahrelangem Kampf wurde die stark beschädigte, wiederherstellbare Sophienkirche, die älteste protestantischen Kirche von Dresden, für deren Erhalt sich auch die evangelische Kirche eingesetzt hatte, 1962/63 besonders auf persönliches Betreiben Walter Ulbrichts abgerissen.

Bei den im gesamten Zeitraum der DDR immer begrenzten wirtschaftlichen Möglichkeiten wurden nur wenige historische Gebäude wiederaufgebaut, so der Zwinger und die Semperoper. Die Ruine der Frauenkirche, die stehenbleiben durfte, wurde 1966 zum Mahnmal für den Frieden erklärt. In Dresden entstanden neben einer Anzahl Kulturneubauten neue Wohnhäuser, wobei seit den 60er Jahren auch Hochhäuser, „Plattenbauten", gebaut wurden, insbesondere um mit relativ geringen Kosten der Wohnungsnot Herr zu werden. Diese Hochhäuser beeinträchtigen das Stadtbild heute immer noch teilweise erheblich. Bei den in den 50er Jahren errichteten Neubauten am Altmarkt ist noch das Bestreben des Architekten erkennbar, historische barocke Dresdner Bauformen nicht in Vergessenheit geraten zu lassen.

Nachdem in der friedlichen Revolution in der DDR von 1989 von den Demonstranten auf den zahlreichen Montagsdemonstrationen zunächst Reformen eingefordert worden waren, kam es nach Öffnung der Grenze zur BRD sehr schnell auch zum Wunsch nach Wiedervereinigung der beiden deutschen Staaten, wobei wirtschaftliche Gründe die ausschlaggebende Rolle spielten. Da die erste aus demokratischen Wahlen hervorgegangene, neugewählte Regierung der DDR in Folge der allgemeinen Krise im Land nur über wenig Spielraum bei den Verhandlungen zur deutschen Einheit verfügte, kam es zum überstürzten Anschluss nach Artikel 23 des Grundgesetzes der BRD. Über Nacht wurde in den neuen Bundesländern das wirtschaftliche, politische und soziale System der BRD eingeführt. Die positiven Folgen waren in erster Linie das Recht auf Freiheit und Selbstbestimmung sowie Neuaufbau und Wohlstand für viele. Es ist leider auch zu sozialen Spannungen und erheblicher Arbeitslosigkeit gekommen.

Nach der Wende wuchs das Interesse am Wiederaufbau kunsthistorisch wertvoller Bauten im Stadtzentrum und es kam zum Ende des Abrisses von erhaltenswerter Altbausubstanz im Stadtgebiet. Es ist großartig, dass die Frauenkirche in rund 10 Jahren Bautätigkeit wiederaufgebaut werden konnte. Ein Zeichen der Versöhnung der einstigen Kriegsgegner war die Schenkung des Kuppelkreuzes der Kirche durch die britische Stiftung Dresden Trust, die das Anliegen des Wiederaufbaus, wie zahlreiche weitere Organisationen im In- und Ausland, zu ihrem eigenen machte. Mit der Frauenkirche hat Dresden sein eigentliches Wahrzeichen zurückbekommen. Das Schloss sieht nach rund 20 Jahren Wiederaufbau seiner Fertigstellung entgegen. Mit der Kuppel der Frauenkirche und dem Schlossturm ist die Stadtsilhouette Dresdens, das schon im 18. Jahrhundert den Beinamen Elbflorenz bekommen hatte, 60 Jahre nach Ende des Zweiten Weltkrieges fast wieder vollständig.

Die sächsische Landeshauptstadt Dresden wird heute alljährlich von Millionen Touristen aus dem In- und Ausland besucht, die hier ein Klima der Gastfreundschaft und der Achtung ihrer Kulturen vorfinden. Es muss auch

Der Zwinger nach Osten mit der Gemäldegalerie im Wiederaufbau (1951) | The Zwinger palace looking east with the Gemäldegalerie being rebuilt (1951)

Altmarkt – Westseite im Neuaufbau (1955) | West side of the Altmarkt under reconstruction (1955)

Walter Ulbricht hat die Sophienkirche aus dem Stadtmodell entfernt (1961) | Walter Ulbricht removed the Sophienkirche from the cityscape (1961)

Neuaufbau – „Plattenbauten" in der Nähe der Annenkirche (1964)  |  The rebuilding – prefabricated apartment block near the Annenkirche (1964)

Blick in die von 1965–1978 neuaufgebaute Prager Straße mit dem Lenindenkmal (1979)  |  Looking down the new Prager Straße, reconstructed 1965–1978, with Lenin Monument (1979)

Ruine der Dresdner Frauenkirche nach Enttrümmerungsbeginn (1993) | Ruin of Dresden's Frauenkirche after the start of clearing work (1993)

Die wiederaufgebaute Frauenkirche (2004)
The Frauenkirche rebuilt (2004)

Elbflorenz – Blick vom Neustädter Elbufer auf die Dresdner Stadtsilouette mit der Frauenkirche (2004)
Florenz on the Elbe – view from the Neustadt bank across the river to the Dresden skyline with Frauenkirche (2004)

im Zeitalter der europäischen Einigung und der Globalisierung von allen friedliebenden Dresdnern, Europäern und allen friedliebenden Menschen der Erde alles dafür getan werden, dass der Frieden in Europa erhalten bleibt und dass Kriege auf der ganzen Welt möglichst bald der Vergangenheit angehören, damit sich solche schrecklichen Geschehenisse, wie der Untergang des alten Dresden mit seinen verhängnisvollen Folgen, in Zukunft nicht mehr wiederholen können.

ON THE DESTRUCTION OF OLD DRESDEN (SUMMARY OF CHAPTERS I–VI)

After the Nazi party took power in 1933, all kinds of political opposition were swiftly oppressed and Jews were slowly but surely excluded from public life across Germany. Dresden was no exception. The elimination of unemployment – in particular through rearmament, the construction of the autobahns, and by raising public debt – led to an increased acceptance of the totalitarian Nazi regime by the workers, many of whom were now reaching a modest degree of affluence in their living standards.

Cultural life in Dresden was marked by a wealth of events, such as concerts by the Kreuzkirche Choir, opera, and performances by the legendary Sarrasani Circus. All social organisations were run directly or indirectly by the Nazi regime. New forms of transport – such as trams and buses – took on an important role in the streets.

The burning of the Dresden Synagogue during the Kristallnacht in 1938 and its subsequent demolition made the Nazi terror clear for everyone to see. Persecution intensified with the first deportation of Jews to concentration camps. At this time, only few people realized that Hitler's assurances of peace were lies, and that he was planning to wage a war that would go far beyond revenge for Germany's humiliation in the First World War, and would spread right across Europe. Following the outbreak of war in 1939, the civilian population soon felt the effects as the rationing of food and other everyday goods began.

After the Wehrmacht attacked France in 1940, the British Royal Air Force began bombing raids on German cities and the German Luftwaffe struck at British cities, whereby the German attacks were far more numerous. Initially, the primary intention on both sides was to destroy military targets.

Although the German military had failed to disable the RAF in 1940 and thereby pave the way for a land invasion, and had also failed to force Britain to strike a peace deal, Hitler launched his campaign against Russia in 1941. After successful campaigns on the European continent, in late 1941 the Wehrmacht suffered its first large defeat outside Moscow, and following the military disaster at Stalingrad in early 1943, the tide of the war turned and German forces began to retreat on all fronts. Now a growing number of Germans began to lose faith in a German victory.

The air war against German cities was stepped up after Arthur Harris was placed in charge of British Bomber Command in 1942 and the fields of combat moved closer to Germany's pre-war borders. The bombing raids were carried out with greater ferocity long after allied troops had advanced into Germany – even though the allies had complete control of the skies since early 1944. German newspapers were increasingly full of death notices for soldiers at the front, and the last men considered fit for duty were drafted in mid-1944. Women and forced labourers and concentration camp prisoners from occupied Europe took their places in the factories – almost all of which had been converted to weapons production.

Even as one German city after another was laid waste by British bombardments, Dresden was not bombed until October 1944. The construction of air-raid shelters was neglected. Preparations consisted almost exclusively of air-raid drills and the outfitting of cellars as shelters – which was clearly not enough in the face of the looming threat. Dresden's Nazi leadership had lulled the population into a false sense of security, and many Dresdeners believed – wrongly, as it turned out – that their city of art and culture, with its unique and famous world-class architecture, would be spared the destruction of war.

On the night of 13–14 February 1945 there were two successive, intense air bombardments carried out by the British. A combination of high explosive and incendiary bombs set off a firestorm in the heavily built-up centre of Dresden – there was no escape for thousands of people. In one terrible night and during two subsequent smaller American daytime raids up to 25,000 were killed, and some 75,000 apartments were destroyed. The historical centre of the city, with its many precious historical buildings, was completely flattened.

The British and American air raids were intended to break the morale of the German civilian population and thereby force the Nazi regime to capitulate, but this was unsuccessful in Dresden as in other places.

The destruction of Dresden was senseless and had no influence on the outcome of the war, which by then had long been decided. The Germans sowed the seeds at the beginning of the conflict with their own air war, which laid waste to Warsaw, Rotterdam and Coventry. Dresden, the last undamaged German city, reaped that dreadful harvest.

Following Germany's unconditional surrender, Dresden was occupied by the Red Army – as agreed by the Allies. The German Socialist Unity Party was installed in power in the eastern zone, and the German Democratic Republic – East Germany – was founded in 1949. The forty years of the GDR's existence as an authoritarian state were characterized by the development of Soviet-style socialism under Moscow's control. Economically, the GDR remained far behind the Federal Republic – West Germany – which was also founded in 1949. The climate of international and domestic politics was dominated by the Cold War.

The decision taken by the new city authorities to rebuild Dresden as a socialist metropolis meant the removal of nearly all the ruins in the city centre. Even historically very valuable structures were demolished, despite the opposition, in particular from the heritage authority.

Funds were tight throughout the entire existence of the GDR, and only a few of the historical buildings were reconstructed, such as the Zwinger palace and Semper Opera House. The ruins of the Frauenkirche, which were left standing, were declared a monument to freedom in 1966. Dresden saw the construction of a number of new cultural centres and residential buildings, including many multi-story buildings made of prefabricated concrete slabs, which could be erected at relatively low cost to meet the need for housing. Many of them still appear as a blemish on the cityscape today.

The peaceful revolution of 1989 in East Germany initially began with regular Monday demonstrations calling for reform, but the opening of the borders to West Germany swiftly led to the desire for reunification between the two German states – economic factors played a deciding role. Because of the national crisis, the first East German government to be chosen in free and fair elections had little room for manoeuvre in the negotiations for German unity. As a result, the GDR quickly became part of a unified country under Article 23 of the basic law of the Federal Republic of Germany. Overnight, the economic, political and welfare systems of West Germany were introduced in the former East Germany. The positive effects of this were first and foremost the right to freedom and self-determination, as well as new perspectives and affluence for many. Unfortunately, reunification also led to social tensions and mass unemployment.

After these changes, there was increased interest in reconstructing historically valuable buildings in the city centre, and the tearing down of structures worthy of preservation came to an end. The rebuilding of the Frauenkirche in just ten years is a truly remarkable achievement. With the reconstructed Frauenkirche, Dresden has been given back its defining landmark. One sign of reconciliation between the former enemies was the presentation of the cross for the dome of the Frauenkirche by the British Dresden Trust, which was one of many organisations both within Germany and abroad that supported the reconstruction of the city. The royal palace is approaching completion after some twenty years of rebuilding work. With the dome of the Frauenkirche and the palace tower, the Dresden skyline – which earned the city the label „Florence on the Elbe" in the eighteenth century – is almost complete, sixty years after the end of the Second World War.

Dresden, the state capital of Saxony, today welcomes millions of tourists from home and abroad each year. Here they enjoy a warm welcome and respect for their own cultures. In an age of globalisation and European unification, all peace loving Dresdeners and Europeans, and all the peace loving people of the world must do their utmost to preserve peace in Europe and to make wars the world over a thing of the past – so that terrible events like the destruction of old Dresden, with all its consequences, can never happen again.

Anhang

## A. Chronologie des Bombenkrieges 1937–1945

(leicht geänderte Übernahme aus: Gretzschel, Matthias: Als Dresden im Feuersturm versank. Hamburg 2004. S. 128–130)

**26. April 1937:** Angriff der Legion Condor auf die spanische Stadt Guernica, mehrere hundert Tote.

**1.September 1939:** Die deutsche Luftwaffe greift bei einen Terrorangriff die polnische Kleinstadt Wielun an, mehrere hundert Tote, Beginn des Zweiten Weltkrieges.

**24. bis 26. September 1939:** Die deutsche Luftwaffe und Artillerie zerstören Warschau weitgehend, 20.000 Tote.

**10. Mai 1940:** Churchill wird britischer Premierminister; einen Tag später verkündet sein Kriegskabinett, auf deutsche Zivilisten werde fortan keine Rücksicht mehr genommen.

**11/12. Mai 1940:** Erster Angriff der Royal Air Force (R.A.F.) auf eine deutsche Stadt: Mönchengladbach, 4 Tote.

**14. Mai 1940:** Die deutsche Luftwaffe zerstört in weiten Teilen Rotterdam, rund 900 Tote.

**Mai/Juni/Juli 1940:** „Phoney war" zwischen England und Deutschland, Luftangriffe auf beiden Seiten, vor allem gegen militärisch industrielle Ziele.

**13. August 1940:** „Eagle Day", Auftakt der „Luftschlacht um England": Die Luftwaffe beginnt massive Angriffe vorwiegend gegen britische Stützpunkte mit dem Ziel, die Luftüberlegenheit zu gewinnen, um eine Invasion der Insel (Unternehmen „Seelöwe") vorzubereiten. In den folgenden Wochen schwere Verluste auf beiden Seiten.

**24./25. August 1940:** Erster – versehentlicher – Angriff der Luftwaffe gegen London, geringe Schäden.

**25./26. August bis 4. September 1940:** 5 britische Luftangriffe auf Berlin.

**4. September 1940:** Hitler verkündet in einer Rede, er werde nunmehr die britischen Städte „ausradieren" lassen.

**7. September 1940:** Beginn des „Blitz", der Luftoffensive gegen englische Städte und Industrie, mit einem Großangriff gegen London. Ziel: Großbritannien zum Friedensschluss zwingen.

**17. September 1940:** Hitler entscheidet sich gegen die Invasion Englands.

**14. November 1940:** Angriff auf Coventry, über 550 Tote.

**6. April 1941:** Deutscher Terrorangriff auf Belgrad. Hitler hat die Vernichtung der Stadt befohlen, rund 2200 Tote.

**16. Mai 1941:** Ende der deutschen Luftoffensive wegen des bevorstehenden Russlandfeldzuges. Während der neunmonatigen Luftangriffe sterben rund 40.000 Briten, rund 60.000 werden verletzt, alleine in London verlieren 250.000 Menschen ihre Wohnung.

**22. Juni 1941:** Die Operation „Barbarossa", der deutsche Überfall auf die Sowjetunion beginnt. Bereits in den ersten Stunden des Angriffs zerstört die Luftwaffe rund 2300 sowjetische Flugzeuge, die meisten am Boden, und vernichtet so die numerisch stärkste Luftwaffe der Welt. Im weiteren Verlauf des Russland-Feldzuges konzentriert sich die Luftwaffe weitgehend auf die Unterstützung der Bodentruppen.

**14. Februar 1942:** „Area Bombing Directive" der R.A.F.: Das „moralische" Flächenbomben wird zur offiziellen Doktrin des britischen Bomber Command. Im Anhang der Direktive heißt es: „Es ist klar, dass die Zielpunkte Siedlungsgebiete sein sollen und beispielsweise nicht Werften oder Luftfahrtindustrien. Das muss ganz deutlich gemacht werden".

**23. Februar 1942:** Arthur Harris wird Oberbefehlshaber des britischen Bomber Command.

**28./29. März 1942:** Erster Test eine Stadt abzubrennen: Vernichtung der Lübecker Altstadt, 320 Tote, 39.000 Ausgebombte.

**23. bis 27. April 1942:** Vernichtung der Rostocker Altstadt bei vier Angriffen, 40.000 Obdachlose.

**17. August 1942:** Erster Einsatz der US-amerikanischen Bomber in Europa, gegen den großen Verschiebebahnhof von Rouen-Sotteville in Nordfrankreich.

**23. August 1942:** Massive Angriffe der deutschen Luftwaffe auf Stalingrad, nach sowjetischen Angaben 40.000 Tote.

**1. Januar bis 31. Dezember 1942:** Im Jahresverlauf 15 Angriffe auf Hamburg mit 499 Toten, ca. 1700 Verletzten und ca. 15.000 Ausgebombte.

**21. Januar 1943:** Im marokkanischen Casablanca vereinbaren Churchill und US-Präsident Roosevelt die „Combined Bombing Offensive", die Koordination der jeweiligen Luftstreitkräfte mit dem Ziel, „das militärische, industrielle und wirtschaftliche System Deutschlands zunehmend zu zerstören und zu zerschlagen und die Moral des deutschen Volkes zu untergraben".

**18. Februar 1943:** Reichspropagandaminister Goebbels verkündet im Berliner Sportpalast den „totalen Krieg".

**Juni 1943:** Die Pointblank-Direktive wird erlassen und markiert den Beginn der koordinierten Luftangriffe der R.A.F. und USAAF (United States Army Air Force), etwa auf Berlin, Hamburg, das Ruhrgebiet.

**24./25. Juli bis 3. August 1943:** „Operation Gomorrha": R.A.F. und USAAF fliegen vier schwere Nacht- und drei Tagesangriffe auf Hamburg. In der Nacht des 27./28. Juli kommt es zum Feuersturm. Insgesamt sterben mindestens 34.000 Menschen, 125.000 werden verletzt und 900.000 ausgebombt.

**November 1943:** Die deutsche Flugabwehr fügt den alliierten Luftstreitkräften die größten Verluste des Krieges bei.

**November 1943 bis Februar 1944:** Die deutsche Luftwaffe verliert einen Großteil ihrer Abfangjäger, weil die USAAF Langstrecken-Begleitjäger bis tief ins Reichsgebiet einsetzt. Vom 20. bis 25. Februar 1944, in der sogenannten „Big Week", wird mit fast 10.000 alliierten Flugzeugeinsätzen die deutsche Luftfahrtindustrie – in Augsburg, Schweinfurt, Regensburg, Stuttgart – weitgehend ausgeschaltet. Danach verfügen die Westmächte praktisch über die uneingeschränkte Luftüberlegenheit.

**21. Januar bis 29. Mai 1944:** Knapp drei Dutzend Angriffe auf englische Städte, es entstehen geringe Schäden. Die Engländer verspotten die Attacken als „Baby Blitz", die Bomberflotte der Luftwaffe ist weitgehend aufgerieben.

**April bis November 1944:** Zur Vorbereitung und Unterstützung der Invasion (Unternehmen „Overlord") alliierte Luftangriffe auf Städte in Frankreich und Belgien, mehr als 15.000 Tote

**17. Juni 1944:** Abschuss der ersten V1 gegen England, später kommen V2 hinzu, die vor allem gegen Antwerpen eingesetzt werden. Insgesamt detonieren 10.000 Raketen, die ca. 30.000 Menschen töten.

**13./14. Februar 1945:** Feuersturm in Dresden, größtes konventionelles Flächenbombardement des Zweiten Weltkrieges; bis zu 25.000 Tote (bei der Zahl sind die Toten von zwei am 14. und 15. Februar folgenden kleineren amerikanischen Bombenangriffen mitgerechnet), 350.000 Ausgebombte

**23./24. Februar 1945:** Feuersturm in Pforzheim, 16.600 Tote, mehr als ein Viertel der Bewohner stirbt. Das ist gemessen an der Bevölkerung mehr als beim Atombombenabwurf in Nagasaki, bei dem jeder siebte Bürger stirbt.

**12. März 1945:** Mit 660 Flugzeugen zerstört die USAAF den Ostseehafen Swinemünde, der, wie den Angreifern bekannt ist, mit Flüchtlingen aus dem Osten überfüllt ist. Vermutlich 4.500 Tote.

**8. Mai 1945:** Kapitulation Deutschlands. Ende des Zweiten Weltkrieges in Europa.

**6. August 1945:** Erster Abwurf einer Atombombe auf Hiroshima durch die Amerikaner. Über 200.000 Tote und 100.000 Verwundete.

**9. August 1945:** Zweiter Abwurf einer Atombombe auf Nagasaki. 74.000 Tote.

**2. September 1945:** Ende des Zweiten Weltkrieges. Kapitulation Japans.

## B. Übersicht über die 8 Luftangriffe auf Dresden 1944/45

(leicht geänderte Übernahme aus: Gretzschel, Matthias: Als Dresden im Feuersturm versank. Hamburg 2004. S. 148–149, dort zitiert nach Bergander, Götz: Dresden im Luftkrieg. Vorgeschichte, Zerstörung, Folgen. 2. überarbeitete Auflage Köln, Wien 1994; Reichert; Friedrich: Rundgang durch die zerstörte Dresdner Innenstadt im Februar und März 1945, in: Verbrannt bis zur Unkenntlichkeit. Die Zerstörung Dresdens 1945. Altenburg 1994).

### 7. Oktober 1944

| | |
|---|---|
| Fliegeralarm: | 12.00 Uhr |
| Angriff: | 12.34 bis 12.36 Uhr |
| Vorentwarnung: | 13.20 Uhr |
| Entwarnung: | 13.30 Uhr |
| Zahl und Typ der Bomber: | 29 B 17 |
| Bombenmenge und -typ: | 70 Tonnen Sprengbomben |
| Ziele: | westliches Dresdner Stadtzentrum, Wilsdruffer Vorstadt, Friedrichstadt |
| Tote: | 257 |

### 16. Januar 1945

| | |
|---|---|
| Fliegeralarm: | 11.50 Uhr |
| Angriff: | 12.12 bis 12.17 Uhr |
| Vorentwarnung: | 12.50 Uhr |
| Entwarnung: | 13.35 Uhr |
| Zahl und Typ der Bomber: | 127 B 24 |
| Bombenmenge und -typ: | 264,8 Tonnen Sprengbomben, 41,6 Tonnen Brandbomben |
| Ziele: | Güterbahnhof Friedrichstadt, Rathaus Cotta, Wettiner Bahnhof, Hechtviertel |
| Tote: | 334 |

### 13./14. Februar 1945

| | |
|---|---|
| Fliegeralarm: | 21.40 Uhr |
| 1. Angriff: | 22.03 bis 22.28 Uhr |
| Entwarnung: | 23.30 Uhr |
| Fliegeralarm: | 1.05 Uhr |
| 2. Angriff: | 01.23 bis 01.55 Uhr |
| Entwarnung: | 02.15 Uhr |
| Zahl und Typ der Bomber: | 245 Lancaster (1. Angriff) 529 Lancaster (2. Angriff) |
| Bombenmenge und -typ: | 1.477,7 Tonnen Minen und Sprengbomben, 1181,1 Tonnen Brandbomben |
| Ziele: | innere Altstadt, Pirnaische Vorstadt, Seevorstadt, Südvorstadt, Johannstadt, Friedrichstadt, Löbtau, Blasewitz, Striesen, Strehlen, Gruna, Plauen, innere Neustadt, Antonstadt |

| | |
|---|---|
| Tote: | bis zu 25.000 (bei der Zahl sind die Toten der zwei am 14. und 15. Februar folgenden weniger schweren amerikanischen Bombenangriffen mitgerechnet) |
| Ausgebombte: | ca. 350.000 |

**14. Februar 1945**

| | |
|---|---|
| Fliegeralarm: | 12.00 Uhr |
| Angriff: | 12.00 bis 12.30 Uhr |
| Entwarnung: | 12.45 Uhr |
| Zahl und Typ der Bomber: | 311 B 17 |
| Bombenmenge und -typ: | 474,5 Tonnen Minen und Sprengbomben, 296,5 Tonnen Brandbomben |
| Ziele: | Güterbahnhof und Stadtteil Friedrichstadt, Bahnhofsanlagen Dresden-Altstadt, Leipziger Vorstadt |

**15. Februar 1945**

| | |
|---|---|
| Fliegeralarm: | 11.15 Uhr |
| Angriff: | 11.51 bis 12.01 Uhr |
| Entwarnung: | 12.30 Uhr |
| Zahl und Typ der Bomber: | 210 B 17 |
| Bombenmenge und -typ: | 463,4 Tonnen Sprengbomben |
| Ziele: | verstreut, konzentrierte Abwürfe nur am Landgericht |

**2. März 1945**

| | |
|---|---|
| Fliegeralarm: | 10.00 Uhr |
| Angriff: | 10.27 bis 11.03 Uhr |
| Entwarnung: | 11.40 Uhr |
| Zahl und Typ der Bomber: | 406 B 17 |
| Bombenmenge und -typ: | 940,3 Tonnen Sprengbomben |
| Ziele: | Leipziger Vorstadt, Marienbrücke, Japanisches Palais, Waldschlösschenviertel, Dobritz, Gruna, Niedersedlitz, Wasserwerke Saloppe und Hosterwitz |
| Tote: | keine Angabe |

**17. April 1945**

| | |
|---|---|
| Fliegeralarm: | 13.50 Uhr |
| Angriff: | 13.48 bis 15.12 Uhr |
| Entwarnung: | 16.00 Uhr |
| Zahl und Typ der Bomber: | 580 B 17 |
| Bombenmenge und -typ: | 1.554,7 Tonnen Sprengbomben, 164,5 Tonnen Brandbomben |
| Ziele: | Güterbahnhof Friedrichstadt, Krankenhäuser Friedrichstadt und Löbtau, Wohnviertel Zwickauer Straße, Chemnitzer Straße, Oschatzer Straße und Bürgerstraße, Altstadt mit Hauptbahnhof |
| Tote: | 453 |

## C. Schadensplan der Stadt Dresden mit Darstellung des Zerstörungsgrades

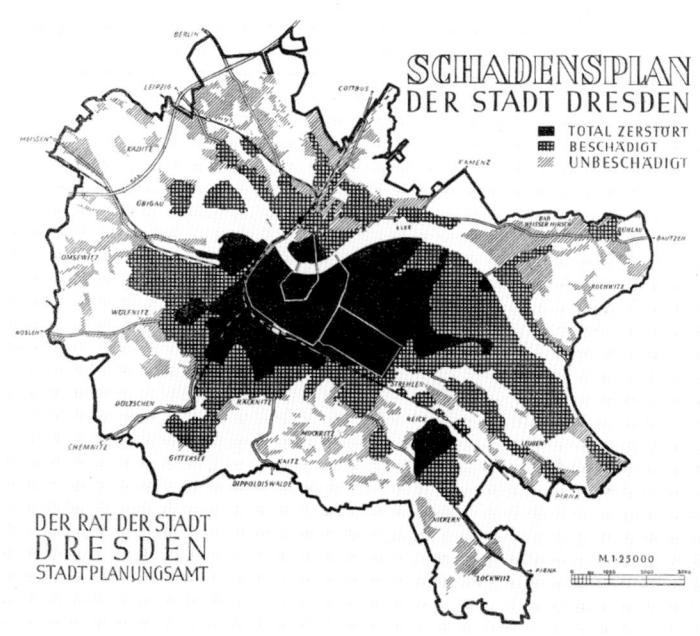

Literaturverzeichnis:

1. Monographien

Bergander, Götz: Dresden im Luftkrieg. Vorgeschichte – Zerstörung – Folgen. Würzburg 1998.
Gretschel, Matthias: Als Dresden im Feuersturm versank. Hamburg 2004.
Groß, Rainer: Geschichte Sachsens. 2. durchgesehene Auflage. Leipzig 2002.
Hahn, Alfred/Neef, Ernst: Dresden (Werte unserer Heimat, Band 42). Berlin 1984.
Helas, Volker/Zadniček, Franz: Das Stadtbild von Dresden. Stadtdenkmal und Stadtlandschaft (Mit einem Beitrag von Werner Pampel). Dresden 1996.
Kurowski, Franz: Dresden. Februar 1945. Wien 2003.
Landeshauptstadt Dresden, Stadtmuseum Dresden (Hrsg.): Verbrannt bis zur Unkenntlichkeit. Die Zerstörung Dresdens 1945. Altenburg 1994.
Lerm, Matthias: Abschied vom alten Dresden. Verluste historischer Bausubstanz nach 1945. Leipzig 1993.
Neutzner, Matthias (Hrsg.): Martha Heinrich Acht. Dresden 1944/45. 3. durchgesehene Auflage. Amsterdam, Dresden 2000.
Reinhard, Oliver/Neutzner, Matthias/Hesse Wolfgang: Das rote Leuchten. Dresden und der Bombenkrieg. Dresden 2005.
Schieferdecker, Uwe: Hurra, wir leben noch! Dresden nach 1945. Gudenberg-Gleichen 2001.
Verrier, Anthony: Bomberoffensive gegen Deutschland 1939–1945. Frankfurt am Main 1985.

2. Sammelbände

Landeshauptstadt Dresden, Stadtmuseum Dresden (Hrsg.): Dresdner Geschichtsbuch 3. Altenburg 1997 (Beitrag von Christel Wünsch: Dresden mahnt – Stadtansichten 1945–1955).

3. Zeitungsartikel

Der Mythos von der unschuldigen Stadt. Artikel von Reiner Burger. Frankfurter Allgemeine Zeitung, Ausgabe vom 07.02.2005.
Die Sucht des Bombardierens. Gespräch mit dem britischen Historiker Fredrick Taylor. Sächsische Zeitung, Ausgabe vom 12.02.2005.
Dresden und das Weltgericht. Artikel von Gottfried Dyrssen. Frankfurter Allgemeine Zeitung, Ausgabe vom 17.02.2004.
Eine Null anhängen. Wie viele Menschen starben 1945 im Feuersturm von Dresden? Artikel von Sven Felix Kellerhoff. Die Welt, Ausgabe vom 25.01.2005.
Fakten, Mythen und Erinnerung. Wie und warum das Schicksal von Dresden von 1945 bis heute immer wieder politisch missbraucht wurde und wird. Artikel von Matthias Neutzner. Sächsische Zeitung, Ausgabe vom 12.02.2005.
Mindestens 25.000. Artikel von Oliver Reinhardt zur Zahl der Dresdner Bombenopfer. Sächsische Zeitung, Ausgabe vom 26.03.2005.


Abbildungsnachweis:

1. Fotografien

Bild und Heimat Verlag, Reichenbach/Vogtland: S. 57/2
Dresdner Jahrbuch und Chronik, Dresden 1936: S. 6/1, S. 6/2
Dresdner Verkehrsbetriebe AG, Archiv: S. 11/1
Sächsische Landesbibliothek-, Staats- und Universitätsbibliothek Dresden, Abt. Deutsche Fotothek: untere Abbildung Einband Vorderseite, S. 15, S. 19, S. 16/1, S. 16/2, S. 18/2, S. 18/3, S. 20/2, S. 21/2 S. 21/3, S. 22/2, S. 23/2, S. 24/2, S. 24/3, S. 25/1, S. 25/2, S. 26/2, S. 27/2, S. 28/2, S. 29/2, S. 30/2, S. 31/2, S. 32/2, S. 33/2, S. 34/2, S. 35/2, S. 36/2, S. 37/2, S. 38/2, S. 40/2, S. 41/2, S. 42/2, S. 43/2, S. 44/2, S. 45/2, S. 46/2, S. 47/2, S. 48/2, S. 50, S. 52/1, S. 52/2, S.53/1, S. 53/2, S. 53/3, S. 53/4, S. 54/2, S. 56/1, S. 56/3, S. 57/1
Schmidt, Michael, Dresden: S. 58/1, S. 58/2, S.58/3
Sonnenblumen-Verlag Dresden, Altdresden-Bildarchiv: S. 7/1, S. 7/2, S. 8/1, S. 8/2, S. 20/1, S. 21/1, S.22/1, S. 23/1, S. 24/1, S. 26/1, S. 27/1, S. 28/1, S. 29/1, S. 30/1, S. 31/1, S. 32/1, S. 33/1, S. 34/1, S. 35/1, S. 36/1, S. 37/1, S. 38/1, S. 39/1, S. 40/1, S. 41/1, S. 42/1, S. 43/1, S. 44/1, S. 45/1, S. 46/1, S. 47/1, S. 48/1, S. 49/1
Stadtmuseum Dresden, Fotoarchiv: S. 11/2, S. 12, S. 18/1, S. 51
Stadtmuseum Dresden, Schriftgutsammlung: S. 10
Wikipedia. Die freie Enzyklopädie (GNU-Lizenz): S. 14/1

2. Skizzen, Aquarelle, Gemälde, Grafiken, Plakatzeichnungen und kolorierte Fotografien

Bergander, Götz, Berlin: Anflugs- und Abflugroute der britischen Bomberverbände beim ersten Nachtangriff auf Dresden am 13. Februar 1945: S. 14/2
Sächsische Landesbibliothek, Staats- und Universitätsbibliothek, Abt. Deutsche Fotothek: Schadensplan der Stadt Dresden (erstellt vom Stadtplanungsamt 1946/47): S. 63
Sonnenblumen-Verlag Dresden: nachkolorierte Fotografie (Ausschnitt aus dem Altdresden-Poster). Vorlage: Verlag O. Schleich Nf., Dresden, Panoramaansichtskarte mit Fotografie eines unbekannten Fotografen (um 1900): obere Abbildung Einband Vorderseite
Städtische Galerie Dresden - Kunstsammlungen:
Das brennende Dresden – 14. Februar 1945 (Aquarell von Otto Griebel, 1945): S. 17
Dresden. Münzgasse (Aquarell von Hermann Kohlmann, 1945): 26/3
Altmarkt – Westseite im Neuaufbau (Ölgemälde von Hermann Kohlmann, 1955): S. 56/2
Rampische Straße. Dresden (Aquarell von Uhlrich, 1945): S. 39/2
Zirkus Sarrasani (Aquarell von Willi K. Baum, 1947): S. 49/2
Unbekannter Verlag: Ansichtskarte mit Plakatzeichnung von Horst Naumann (1946): S. 54/1